M. DE LAMARTINE

LES

INSTITUTEURS

ET LE

Numéro 7 du Conseiller du Peuple

PAR T. BLIN.

PRIX : **10** CENTIMES.

NANTES,

IMPRIMERIE DU COMMERCE,

Rue Neuve des Capucins, 10.

M. DE LAMARTINE,

LES

INSTITUTEURS

ET LE

N° 7 du Conseiller du Peuple.

PAR T. BLIN.

Un jour de nobles pleurs laveront ce délire,
Et ta main étouffant le son qu'elle a tiré,
Plus juste arrachera des cordes de ta lyre
La corde injurieuse où la haine a vibré.

DE LAMARTINE.

« Les instituteurs communaux, dit M. de La-
» martine, sont devenus dans plusieurs départe-
» ments les fomentateurs de haine, de division,
» d'envie, de discordes, d'exécrables passions,
» de stupides doctrines anti-sociales, entre les
» classes de citoyens. Ils se sont laissé séduire
» comme des hommes sans jugement, ou entraî-
» ner comme des hommes sans conscience et
» sans moralité, à toutes les absurdités préten-
» dues sociales, et à toutes les perversités pré-
» tendues démocratiques, que les factions socia-
» listes, communistes, terroristes, démagogiques
» ont voulu semer dans l'esprit du peuple pour
» le pervertir... »

Et d'abord, où puisez-vous le droit d'outrager ce

BIBLIOTHÈQUE NATIONALE R. F.

1849

peuple en lui refusant la conscience, ce discerne-
ment moral qui flétrit ou approuve ce qui est
juste ou non ? Les hautes facultés intellectuelles
ne sont pas toujours compagnes du sens moral,
une grande intelligence n'est souvent que l'expression d'un grand orgueil, M. de Lamartine, et
la notion du juste a sa source intarissable dans la
conscience de ce peuple humble et modeste, dont
vous vous intitulez le conseiller. *Conseiller du
peuple !* ce titre de l'orgueil va mal à la sincérité ;
de quelque valeur qu'il soit, quelque puissance
intellectuelle et morale qui le distingue, l'homme
n'est toujours qu'un atôme dans l'humanité, elle
lui commande, elle le domine, elle l'absorbe ; on
se retrempe parmi les hommes, comme on se ré-
génère à la source du bien, on s'inspire du peuple, M. de Lamartine, on ne s'en érige pas gratui-
tement, sans *lèse-majesté*, le présomptueux *conseiller.* « Pour prendre la responsabilité d'un peuple, il
» faut être un scélérat, un fou ou un dieu. (1) » Il
n'est donné à qui que ce soit d'imprimer à la société un mouvement arbitraire. La société a ses
lois qui la régissent, son mouvement propre qui
en règle la marche. Influence irrésistible, inces-
sante, à laquelle, quels que soient les efforts de la
ruse, les artifices des moyens, nulle autre influence ne peut se substituer. Cette influence, re-
connaissez-la donc et inclinez-vous ! Elle a son
origine dans les desseins de la Providence; sa raison d'être dans l'humanité, et sa force dans l'iné-
luctable loi par laquelle cette humanité s'avance
vers son but.

L'homme n'INFLUENCE pas ; frappé d'impuissance, il n'agit qu'extérieurement ; il prépare, il
dégage, il facilite, il *aplanit les sentiers*, mais il

(1) De Lamartine, *Histoire de la Révolution de* 1848.

ne crée pas; il obscurcit, il entrave, il fait obs-
tacle, mais il ne détruit pas. Son action n'a d'effi-
cacité durable que lorsqu'elle s'accorde avec la
loi de son être; — voilà la JUSTICE! elle est la
conformité de l'homme avec ses fins; — voilà la
RELIGION! elle est la voie par laquelle l'humanité
s'élève à Dieu. La science ou la SAGESSE, c'est
la recherche des moyens qui rendent l'accomplissement de cette action facile.

« Ils se sont affiliés à ces clubs, continue M. de
» Lamartine, conspirations en plein vent, attrou-
» pements à domicile, volcans ambulants, pour
» entasser et pour allumer au souffle des plus
» mauvaises et des plus abjectes paroles tous les
» éléments incendiaires que des *Catilina* de chefs-
» lieux ou des *Gracchus* de villages peuvent *sou-
» frer* de leur haine pour mettre le feu aux po-
» pulations... Ils se sont faits les préparateurs
» complaisants de banquets démocratiques... »
Ceux-là même qui se faisaient les préparateurs
empressés des banquets de Mâcon, dont on vous
accusait d'être le *Gracchus* et le *Catilina*, imputation que vous relevâtes avec énergie, calomnie
dont vous vous fîtes une toge de tribun dans laquelle vous vous drapâtes à la tribune à la face de
vos contempteurs et aux acclamations de la France
entière.

« Mais eussions-nous aussi quelques préjugés,
» quelques dénominations injurieuses à subir,
» vous écriez-vous, nous aurons le courage de les
» accepter et peut-être même l'insolence de les
» subir. Oui, qu'on nous appelle si l'on veut les
» *agitateurs* de la moralité publique, les *tribuns*
» des idées, les *factieux* de l'intelligence et du
» travail, peu nous importe. Ces factieux-là sau-
» vent les peuples et préservent les constitutions
» en les élargissant, en y faisant pénétrer avec

» justice et avec prudence les forces vives, mo
» rales, intelligentes, et en donnant ainsi une base
» plus large et un aplomb plus solide aux insti-
» tutions qu'ils ne veulent pas détruire, mais
» fortifier en les complétant (1). »

« Ils se sont faits, ajoutez-vous, les mission-
» naires de cette nouvelle religion. »

Cette mission, ils la conservent; vous n'êtes plus le *Gracchus;* ils sont toujours les *préparateurs.* Qui de vous ou d'eux a changé? à qui l'apostasie?...

« De cette nouvelle religion qui consiste à nier
» Dieu, à diviniser la nature, à adorer le plus
» brutal sensualisme, à renverser les autels, à
» arracher les bornes des champs, à supprimer
» la famille, à disperser le foyer domestique, à
» renverser la marmite... Ils ont écrit des manuels
» d'expropriation et des évangiles de discordes.
» Ils ont crié : A bas ceux-ci! à bas ceux-là!
» C'est-à-dire : Vive la guerre civile! »

Est-ce donc assez d'injures, de fiel et de haine! et n'arrêterez-vous pas ce débordement de passions mauvaises, ce torrent de paroles corrosives coulant de vos lèvres comme la lave délétère et brûlante d'un cratère qui fait éruption. Vous vous trompez. M. de Lamartine, vous prenez les transports de la fureur pour des mouvements d'éloquence, et les incitations calomnieuses de votre ressentiment pour la manifestation de la vérité; vous ne réalisez point les conditions d'un *conseiller.* Vous êtes en colère, et la colère de l'homme, dit l'apôtre, n'accomplit point la justice de Dieu. Elle est le néant de la raison et du sentiment; elle détruit l'homme moral et n'en laisse que l'enveloppe agitée par le galvanisme de l'orgueil abu-

(1) Discours à la chambre des députés, 24 mars 1843.

sé ; elle précipite la *chûte de l'ange* pour faire place à satan... Vous êtes en colère! avouez cet état de votre esprit troublé, cet aveu vous préservera d'une imputation malheureuse, du soupçon d'une mauvaise conscience. Que ces paroles sont tristes à prononcer, mais aussi quels sentiments ne faites-vous pas naître!

En 1832, alors que plein de force intellectuelle et morale, vous reveniez de puiser en Orient quelques-unes de ces inspirations vierges dont le créateur entoura le berceau du monde, vous écriviez :

« .... Dans la marche des sociétés et des
» idées, le but n'est jamais qu'un nouveau point
» de départ. La révolution française qu'on ap-
» pellera plus tard la révolution européenne, car
» les idées prennent leur niveau comme l'eau,
» n'est pas seulement une révolution politique,
» une transformation du pouvoir, une dynastie
» à la place d'une autre, une république au lieu
« d'une monarchie ; tout cela n'est qu'accident,
» symptôme, instrument, moyen...... Quel
» est parmi nous l'homme pensant, l'homme de
» cœur et de raison, l'homme de religion et
» d'espérance, qui, mettant la main sur sa cons-
« cience et s'interrogeant devant Dieu en pré-
» sence d'une société qui tombe d'anomalie et
» de vétusté, ne se réponde : Je suis révolution-
» naire?.... L'idée nouvelle, si elle n'a pas
» conquis son terrain, a du moins conquis son
» arme invincible : cette arme est la presse. La
» parole parlée et écrite a le droit de faire par-
» tout et toujours son appel à l'intelligence de
» tous. Ce grand tribuniliat de la raison do-
» mine, et dominera de plus en plus tous les
» autres pouvoirs émanés de lui. Elle remue et
» remuera toutes les questions sociales, reli-

» gieuses, politiques, nationales, avec la force
» que l'opinion lui prêtera, au fur et à mesure
» de sa conviction, jusqu'à ce que la raison hu-
» maine éclairée du rayon qu'il plaît à Dieu de
» lui prêter, soit entrée en possession du monde
» social tout entier. Mais les questions sociales
» sont complexes. La solution des questions de
» politique intérieure nécessite la solution dans
» le même sens au dehors.— Tout se tient dans
» le monde et toujours un fait réagit sur l'autre.
» La France a une grande gloire et de grands
» périls devant elle ; elle guide les nations, mais
» elle tente la route, et elle peut trouver l'abîme
» où elle cherche la voie sociale. D'une part, tou-
» tes les haines du passé qui résistent en Eu-
» rope sont ameutées contre elle. En religion,
» en philosophie, en politique, tout ce qui a
» horreur de la raison a horreur de la France ;
» tous les vœux secrets des hommes rétrogrades
» ou cramponnés au passé sont pour sa ruine ;
» elle est pour eux le symbole de leur décadence,
» la preuve vivante de leur impuissance et du
» mensonge de leurs prophéties ; si elle pros-
» père, elle dément leurs doctrines ; si elle suc-
» combe, elle les vivifie. Toutes les tentations
» d'amélioration d'institutions humaines suc-
» combent avec elle ; un grand applaudissement
» s'élève, le monde reste en possession de la
» tyrannie et du préjugé. Les hommes de pré-
» jugé et de tyrannie désirent donc passionné-
» ment sa subversion. Les conséquences immé-
» diates de la révolution en France, et les con-
» séquences accidentelles des crises qu'elle vient
» de traverser sont nombreuses ; je ne parlerai
» que des principes :
» L'égalité de droits......
» La liberté de discussion et d'examen....

» L'instruction répandue dans les masses.....

» Le mouvement industriel.....

» Les prolétaires...., classe qui aujourd'hui
» livrée à elle-même par la suppression de leurs
» patrons et par l'individualisme, est dans une
» condition pire qu'elle n'a jamais été, a recon-
» quis des droits stériles, sans avoir le néces-
» saire, et remuera la société jusqu'à ce que le
» SOCIALISME AIT SUCCÉDÉ A L'ODIEUX INDIVI-
» DUALISME.

» J'entends dire sans cesse autour de moi : les
» hommes n'ont plus de croyances. Il y a, au
» contraire, une immense conviction, une foi fa-
» natique, une espérance confuse, mais indéfinie,
» un ardent amour, un symbole commun, quoi-
» que non rédigé, qui pousse, presse, remue, at-
» tire, condense, fait graviter ensemble toutes les
» intelligences, toutes les consciences, toutes les
» forces morales de cette époque. Ces révolutions,
» ces secousses, ces chutes d'empire, ces mouve-
» ments gigantesques et répétés de la vieille Eu-
» rope, ces retentissements en Amérique et en
» Asie, cette impulsion irréfléchie et irrésistible
» qui imprime, en dépit des volontés indivi-
» duelles, tant d'agitations et d'ensemble aux
» forces collectives, tout cela n'est pas un effet
» sans cause. Tout cela a un sens, un sens pro-
» fond et caché, mais un sens évident pour l'œil
» du philosophe. Ce sens, c'est précisément ce
» que nous nous plaignons d'avoir perdu ; ce que
» vous niez dans le monde d'aujourd'hui, c'est
» une idée commune, c'est une conviction, c'est
» une LOI SOCIALE, c'est une vérité qui, entrée
» involontairement dans tous les esprits, et même
» à leur insu dans l'esprit des masses, travaille à
» se produire dans les faits avec la force d'une
» VOLONTÉ DIVINE, c'est-à-dire avec une force in-

BIBLIOTHÈQUE NATIONALE R.F. IMPRIMÉS

» vincible. Cette foi, c'est la raison générale ; la
» parole est son organe, la presse est son apôtre ;
» elle se répand sur le monde avec l'infaillibilité
» et l'intensité d'une religion nouvelle. Elle veut
» refaire à son image les religions, les civilisa-
» tions, les sociétés, les législations imparfaites
» ou altérées par les erreurs et l'ignorance des
» âges ténébreux ; elle veut reposer : — en reli-
» gion, Dieu un et parfait pour dogme, la morale
» éternelle pour symbole, l'adoration et la charité
» pour culte ; — en politique, l'humanité au-
» dessus des nationalités ; — en législation ,
» l'homme égal à l'homme, l'homme frère de
» l'homme , la société comme un fraternel
» échange de services et de devoirs réciproques,
» régularisés et garantis par la loi, le CHRISTIA-
» NISME LÉGISLATÉ.

» Elle le veut, elle le fait (1). »

C'est à ces appréciations vraies, à ces idées
enchâssées dans un magnifique langage, comme
des brillants dont l'éclat est rehaussé par le travail accessoire de l'artiste ; c'est à ces principes
qui sont et demeurent les éternels principes sur
lesquels l'ordre social repose, et dont le développement nécessaire et régulier est tout le SOCIA-
LISME, en dehors duquel nulle société n'est pos-
sible ; c'est à ces vérités, c'est à ces dogmes si
éloquemment exposés, produits et vulgarisés par
vous, hier, M. de Lamartine, que se sont formés
les hommes que vous taxez aujourd'hui de « re-
» cruteurs de l'anarchie, des crimes et de toutes
» les BÊTISES dont les pervers et les imbéciles
» veulent fanatiser et hébéter le peuple français. »

Quelle est donc cette fatale loi des *retours* qui
courbe sous son inexorable niveau les sommités

1) *Voyages en Orient,* 1832-1833.

de notre époque, en les frappant toutes au coin de la plus honteuse palidonie? Cette déchéance individuelle est-elle un fait libre et volontaire, encourue par là profanation de la plus noble des facultés, le *sens moral*, ou bien est-elle un fait nécessaire et forcé, un de ces signes surhumains auxquels on reconnaît l'intervention de la Providence dans les choses de ce monde, un de ces grands châtiments qui, s'appesantissant sur les individualités orgueilleuses qu'ils brisent, en font ressortir le néant? Quoi qu'il en soit, il est impossible de ne pas reconnaître aux choses de notre époque un caractère providentiel. Tout y est marqué au sceau de je ne sais quel sens mystique dont l'intelligence humaine reste frappée. La terre tourne, et le monde moral, dans ses régions les plus élevées, semble pris de vertige au mouvement qui l'entraîne.

Que veulent dire cette action et cette réaction, cette contradiction des choses, des événements et des hommes, ces inversions, ces répétitions en sens contraire, ces palinodies, ces rétractations, ces prostrations des caractères, ces oppositions à soi-même, cette apostasie de ce que l'on fut, cette incertitude de ce que l'on sera, cette négation de ce que l'on est? que signifient toutes ces vérités du jour, la veille mensonges, tous ces blas-phèmes, toutes ces fureurs, toutes ces menaces, métamorphoses d'un culte, d'un amour, d'un espoir passés? ces noms historiques comme exhu-més tout exprès pour protester aujourd'hui contre leur célébrité d'hier? les générations actuelles ac-cusant, démentant celles qui les ont précédées, le fils renversant l'œuvre du père, le frère s'inscri-vant en faux contre le frère, le neveu obscurcis-sant la gloire de l'oncle, comme si le destin eût tenu à revêtir les instruments de son action des noms de ceux-là même dont il s'est servi dans un sens opposé à une autre époque, englobant dans ce pêle-mêle, dans cette grande confusion des hommes et des choses, toutes ces générations d'*élite* qui, tournant dans un cercle vicieux, n'ont donné jusqu'ici au monde que le spectacle de leur orgueilleuse impuissance, de leur vanité stérile, et l'impérissable exemple de l'insanité radicale dont sont atteintes toutes les prétentieuses individualités, du néant de leur importance, et de la déchéance fatale qui les enveloppe toutes dans la solidarité d'un même châtiment? — C'est de la dissolution partielle, mais ce n'est point de la décadence. Non, ce n'est point une époque de décadence que la nôtre, que celle où se heurtent, où s'agitent, où bouillonnent tant d'intérêts contraires, tant de faits contradictoires? C'est, au milieu de la confusion, la solution d'un problème qui se dégage ; c'est le vieux monde qui rejette son enveloppe, c'est le soleil moral qui dissipe les nuages qui l'obscurcissent et prépare au monde rasséréné une atmosphère pure de tout orage.

Revenons à M. de Lamartine. — Comment le cœur qui a inspiré, l'imagination qui a retracé *Jocelyn*, comment le poète des *Méditations*, le chantre d'Elvire, a-t-il pu concevoir et comprendre, ainsi qu'il l'avoue, la monstruosité qu'il exprime?.. Hélas! nous oubliions la *Chute d'un Ange*!

« Mon Dieu, dit l'auteur des *Harmonies Reli-*
» *gieuses*, je comprends le terrorisme. C'est tout
» bonnement la logique du crime : « Tu ne veux
» pas que je te dépouille et que je t'opprime? je
» te tue ! » Cela est clair et sinistre comme une
» goutte de sang. Cela brille d'évidence et de fé-
» rocité comme un poignard. Cela est scélérat,
» mais ce n'est pas absurde. S'il y a quelques

» scélérats parmi vous » (pauvres, mais dignes instituteurs communaux, rappelez-vous la charité du Christ à l'égard de ses blasphémateurs, et dites comme votre maître : Pardonnez lui, mon Dieu !..) « il est tout simple qu'ils fassent de ce » bel axiôme des clubs, l'évangile des guilloti- » neurs... »

Peut-on plus misérablement décheoir ! quel désordre dans cette intelligence ! quels ravages dans ce cœur !... En attaquant par tant de calomnies ces jeunes instituteurs dont le dévouement et la modestie égalent le talent et la probité, vous tendez à briser des positions laborieusement acquises, honorablement maintenues et jusqu'ici justement conservées ; en agissant ainsi vous ne commettez pas seulement un manquement à la haute morale par des divagations calomnieuses, mais vous restez sous le poids d'une mauvaise action dont le double effet produit à l'innocent la misère, au coupable le remords.

Nous eussions arrêté là cette pénible tâche que notre conscience nous impose, si nous n'avions tenu à faire ressortir l'inconsistance de vos assertions. Le *ridiculum acri* a fait appât à votre grande causticité, et avec un sans-façon où la bonne foi n'est pas même respectée, vous faites comparaître à votre tribunal les diverses théories sociales qui ne sont, soit dit en passant, qu'autant de manifestations isolées, d'efforts individuels dans la commune élaboration, mais que vous affectez de croire, en les dénaturant, le *sine qua non* des réformes. —Vous les faites, disons-nous, comparaître à votre tribunal, du haut duquel vous laissez tomber cette intelligente sentence : BÊTISE !

Vous stigmatisez hommes et choses, sans comprendre celles-ci, sans connaître ceux-là. Pardon, il en est un dont la connaissance vous est intime et que vous passez impartialement au même laminoir. « En voilà un, vous écriez-vous, qui vous dit : « Il faut renouveler l'ordre social » en un tour de main. » BÊTISE ! « Vous rêvez » contre la loi de Dieu. »—Ce rêveur c'est vous, M. de Lamartine ; mais vous rêvez si magnifiquemen et sous de si pompeuses draperies , que nous voudrions vous entendre et vous voir toujours rêver ainsi :

Jamais le doigt divin à l'éternel torrent
N'imprima dans sa fuite un plus fougueux courant ;
On dirait qu'amoureux de l'œuvre qu'il consomme,
L'esprit de Dieu pressé, presse l'esprit de l'homme,
Et trouvant l'œuvre longue et les soleils trop courts,
Dans l'œuvre qu'il condense accumule les jours.
. . . .
De ces troupeaux humains que la verge fait paître,
Parqués, marqués au flanc par les ciseaux du maître,
Fondre les nations en peuple fraternel ,
Marqués au front par Dieu de son chiffre éternel ;
Au lieu de millelois qu'une autre loi rature,
Dans le Code infaillible écrire la nature ;
Déshonorer la force, et sur l'esprit dompté
Faire du ciel en nous régner la volonté !
Comme du lit des mers les vagues débordées,
Voir les faits s'écrouler sous le choc des idées,
Porter toutes les mains sur l'arche des pouvoirs ,
Combiner d'autres droits avec d'autres devoirs ;
Parlant en vérités et plus en paraboles,
Arracher Dieu visible à l'ombre des symboles,
Dans l'esprit grandissant, où sa foi veut grandir,
Au lieu de le voiler le faire resplendir,
Et lui restituant l'univers qu'il anime,
Faire l'homme pontife et le culte unanime !
Ecouter les grands bruits que feront en croulant
L'autel renouvelé, le trône chancelant,
Les voix de ces tribuns ameutant les tempêtes,
Artistes, orateurs, penseurs, bardes, prophètes,
Vaste bourdonnement des esprits en émoi,
Dont chacun veut son jour et crie au temps : A moi ! (1)

(1) Recueillements Poétiques.

Nous nous permettrons d'en appeler de M. de Lamartine éveillé à M. de Lamartine endormi, et l'avenir, nous en avons l'assurance, consacrera l'arrêt de cet appel, de cette admirable page au verso de laquelle le délire a écrit : BÊTISE !

Le vertige vous entraîne et vous vous heurtez aux morts, vous évoquez le souvenir d'une école, et, par quelques gouttes de haine, vous en galvanisez, pour le souffleter aujourd'hui, le cadavre que vous orniez hier de brillantes bandelettes.

« En voilà un autre, ajoutez-vous, qui vous
» dit : Il faut faire de la société un monastère
» de la règle de Saint-Simon, avec un père su-
» périeur nommé par un conclave universel,
» qui sera Dieu, qui sera infaillible et qui as-
» signera despotiquement et infailliblement à
» chacun sa fonction. BÊTISE! »

Est-ce humilité? est-ce défaut de mémoire? M. de Lamartine de 1849 veut-il châtier M. de Lamartine de 1832, ou a-t-il oublié? Dans l'un ou l'autre cas nous allons produire les pièces :

« Il ne faut pas juger des idées nouvelles par
» le dédain qu'elles inspirent au siècle ; toutes
» les grandes pensées sont reçues en étrangères
» dans ce monde ; le saint-simonisme a en lui
» quelque chose de vrai, de grand, de fécond:
» l'application du christianisme à la société po-
» litique, la législation de la fraternité hu-
» maine ; sous ce point de vue je suis SAINT-
» SIMONIEN ; ce n'est pas l'idée qui a manqué
» à cette secte éclipsée, mais non morte ; ce ne
» sont pas les disciples qui lui ont failli non
» plus ; ce qui a manqué selon moi, c'est un
» *chef*, c'est un maître, c'est un régulateur. Je
» ne doute pas que si un homme de génie et

» de vertu, un homme à la fois religieux et
» politique, confondant les deux horizons dans
» un regard à portée juste et longue, se fût
» trouvé placé à la direction de cette idée nais-
» sante, il ne l'eut métamorphosée en une PUIS-
» SANTE RÉALITÉ. »

Après cela convient-il de poursuivre l'examen
d'un tel pamphlet, tissu de contradictions, de
calomnies, de vaniteuses suffisances, de démen-
tis à soi-même et d'outrages? Quelle autorité
morale peut avoir un tel livre, factum de colère, lambeau d'orgueil sur lequel est écrit:
DÉPIT.

Dans une promenade récente je fus frappé par
l'aspect d'un chêne immense dont quelques ra-
meaux encore verts couronnaient la cîme. Je
m'approchai; l'arbre n'avait conservé que sa
forme, il était là debout sur son écorce vieillie;
le tronc avait été creusé par les ravages du temps,
il offrait l'apparence d'un sépulcre que la nature bienveillante dissimulait sous un réseau de
lierre verdoyant. Une sève appauvrie entretenait
à peine un reste de végétation, mais par contre ses flancs vides livraient passage à une li-
queur âcre et corrosive qui desséchait à sa base
les frêles et modestes plantes que la nature y
avait semées. Ce chêne, ô Lamartine, me fit
éprouver une poignante émotion. Mon âme à sa
vue semblait prise de pitié, mais elle se déroba
bientôt à ce mouvement pour s'abandonner au
sentiment de douloureux respect qu'inspire toujours une grande ruine.

Ce n'est point là de la critique, encore moins
de l'amertume, M. de Lamartine; c'est de la tris-
tesse profondément sentie, c'est l'expression de
regrets sincères que fait naître l'égarement d'une
si haute intelligence. Ah! que n'avons-nous en-

tendu sortir de votre conscience, au lieu de ces diatribes indignes du génie que seul peut donner

L'accord d'un grand talent et d'un beau caractère,

ces vérités trouvant dans la magnificence de votre parole un énergique et éclatant appui :

Dieu a donné à l'homme des aptitudes; la société en a fait des passions (1);

Des aptitudes naît l'attraction;

L'attraction détermine l'expansion;

L'expansion est le développement régulier de notre nature dont l'accomplissement final est la réalisation de l'œuvre de Dieu, c'est-à-dire la VIE;

Les passions s'engendrent de la compression;

La compression appelle la révolte;

La révolte produit la perturbation;

La perturbation crée le mal. Donc le MAL est la violation des lois de la nature humaine se manifestant par ses aptitudes.

Les aptitudes sont intellectuelles et physiques. Elles se réalisent par la science et le travail; *l'instruction* et le *crédit* en sont les instruments. Ils sont les deux pôles de l'axe autour duquel tourne le monde. De leur libre jeu dépend la régularité du mouvement social. Il faut donc pour les développer l'un et l'autre, pour en favoriser l'essor, donner à l'instruction l'élan de la *gratuité* et au crédit la *solidarité* pour base. La morale est dans l'harmonie de ces ressorts et la religion dans les efforts de l'homme qui monte ainsi vers Dieu.

(1) Pris dans l'acception radicale du mot, dans son sens positif et vrai de *pati, passus*, souffrir.

R. F.
BIBLIOTHÈQUE NATIONALE IMPRIMÉS

Nantes, imp. V. Mangin.

www.ingramcontent.com/pod-product-compliance
Lightning Source LLC
LaVergne TN
LVHW010108060726
842524LV00006B/2393